토스카니니는요!

생일
1867년 3월 25일 (이탈리아)

별명
살아 있는 악보 도서관

좋아하는 것
미술 감상하기
가족

싫어하는 것
무솔리니

잘하는 것
악보 외우기
될 때까지 연습하기

못하는 것
멀리서 악보 보기

글 박지연

대학교에서 화학공학을 공부했으며, 한 아이를 만나게 되면서 어린이 책에 관심을 갖게 되었습니다.
2007년 우석동화 문학대상 〈말린꽃〉으로 등단한 뒤 본격적으로 어린이 책을 쓰고 있습니다.
글쓰기를 통해 세 아이들에 대한 이해와 사랑이 더욱 커져 가고 있습니다. 아이들이 책을 통해 커 가는 만큼 작가의 행복도 몇 배로 커져 가는 것 같습니다.

그림 정은민

대구에서 태어나 애니메이션을 공부했습니다. 일러스트교육원 '꼭두'에서 어린이를 위한 그림책 과정을 마쳤습니다. 지금은 여러 분야에서 그림을 그리고 있습니다. 그린 책으로 〈봉구 뽕구 봉규야〉, 〈외할머니의 분홍 원피스〉 등이 있습니다.

100인의 위인들 교과서 속 음악가를 꿈꾸는 아이 토스카니니
악보는 그대로 음악이 되어야 해

글 박지연 그림 정은민
펴낸이 남선녀 **기획 편집** 하늘땅 모은영 최문주 신지원 **디자인** 하늘땅 박희경 진서윤
펴낸곳 한국차일드아카데미 **주소** 경기도 고양시 일산동구 은마길 77 **전화** 1588-6759
출판등록 2001년 1월 19일(제5-175호) **홈페이지** www.ekca.co.kr

ⓒ (주)한국차일드아카데미
※잘못된 책은 교환해 드립니다.
이 책은 저작권법에 의해 보호를 받는 저작물이므로 무단전재와 무단복제를 금합니다.
주의: 책이 딱딱하여 다칠 우려가 있으니 던지거나 떨어뜨리지 않도록 주의하십시오.

악보는 그대로
음악이 되어야 해

글 박지연 그림 정은민

한국차일드아카데미

"빰빠라 빰빠, 빰빠라 빰."
관현악단의 연주가 시작되었어요.
저 많은 악기의 소리를 아우르는 사람이 있어요.
누굴까요? 잘 찾아보세요.
오른손에 가늘고 긴 막대기를 들고 있지요.
바로 맨 앞에 서 있는 지휘자예요.
**이 지휘자는 이탈리아에서
태어난 토스카니니예요.**

이탈리아 사람들은 오페라를 아주 좋아했어요.
이른 아침에 고소한 빵을 굽는 빵 가게 아저씨도,
사각사각 머리를 깎는 이발사 아저씨도
모두 노래를 부르며 일을 했지요.
**어려서부터 노래를 들으며 자란 토스카니니는
음악 공부를 하고 싶었어요.**

*오페라는 음악, 연극, 무용, 미술 등을 종합한 음악극이에요.
 배우가 가사의 전부 또는 일부를 노래로 부르지요.

토스카니니는 아홉 살 때에 음악 학교에 들어가 첼로를 배웠어요.
토스카니니는 눈이 나빴어요.
코앞에 책을 가져가야 겨우 글씨를 읽을 수 있었어요.
악보를 보며 연주하는 것은 더 힘들었지요.
"악보를 보면서 연주할 수 없으니 모두 외워야겠어!"
토스카니니는 자신이 연주하는 첼로 부분뿐만 아니라
다른 악기들이 연주하는 부분도 모두 외워 버렸어요.

학교를 졸업한 토스카니니는 교향악단에 들어갔어요.
교향악단이 브라질에서 공연 준비를 하고 있을 때였지요.
악단의 사장이 토스카니니를 급히 찾아왔어요.
"지휘를 좀 맡아 주십시오. 지휘자가 없어졌어요!"
토스카니니는 깜짝 놀라 사장에게 말했어요.
"전 첼로 연주자입니다. 지휘자가 아니에요."
사장은 토스카니니를 무대로 이끌며 말했어요.
"상관없어요. 당신은 악보를 모두 외우고 있잖아요!"

*지휘자는 노래나 연주를 앞에서 이끄는 사람이에요.
연주하거나 노래하는 모든 부분을 다 알고 있어야 하지요.
곡의 빠르기, 악기 소리들의 크고 작음이나 틀린 부분 등을 잘 듣고 살펴야 해요.

토스카니니는 할 수 없이 무대에 섰어요.
토스카니니는 조심스럽게 지휘봉을 잡았지요.
그러고는 악보를 덮었어요.
모든 단원은 조용히 토스카니니를 보았지요.
오페라 〈아이다〉가 시작되었어요.
토스카니니의 지휘봉은 어깨와 허리 사이에서 움직였어요.
왼손은 마치 거친 파도에게
"잠잠하렴, 잠잠하렴." 하고 말하는 듯했어요.

*〈아이다〉는 이탈리아의 작곡가 베르디의 오페라예요.
고대 이집트를 배경으로, 이집트의 장군 라다메스와 포로인
에티오피아의 공주 아이다와의 이룰 수 없는 사랑을 노래하고 있어요.

토스카니니는 아주 작게 연주해야 하는 부분에서는
가슴 위에 왼손을 얹고 몸을 약하게 흔들었어요.
마치 코스모스가 바람에 하늘하늘 흔들리듯 말이에요.
"아주 여리게, 여리게."
그러고는 집게손가락을 입술에 얹었어요.
"쉿! 조용히, 아주 조용히."
힘차던 바이올린의 소리가 점점 작아졌어요.
관객들은 숨소리도 내지 않았지요.

마지막에 이르자 토스카니니의 왼손은 머리보다 높은 곳에서
빠르게 움직였어요.
토스카니니의 지휘를 따르는 단원들은 쉼표 하나도 놓치지 않았어요.
"브라보! 브라보!" 사람들은 일어나 박수를 쳤어요.
그때였어요.
"박수를 받아야 할 사람은 제가 아니라 바로 작곡가입니다."
토스카니니는 이렇게 말하고는 조용히 자신의 자리로 돌아갔어요.
그 뒤로 토스카니니는 교향악단을 이끄는
지휘자의 자리에 서게 되었지요.

단 한 번의 지휘로 토스카니니는 이탈리아에서
유명한 지휘자가 되었어요.
토스카니니는 더 완벽한 지휘자가 되려고 했어요.
연습을 하다가 연주자가 조금이라도 틀리면
"다시!" 하고 크게 외쳤지요.
완벽히 악보대로 연주할 때까지 계속 연습을 시키자
연주자들은 너무 지쳐 불평을 했어요.
"이 정도는 아무도 알지 못한다고요!"
"그래? 그런데 어쩌나. 무덤에 있는 이 곡의 작곡가 베토벤은
그 반의 반 박자가 틀려도 벌떡 일어나지 않겠나? 다시!"

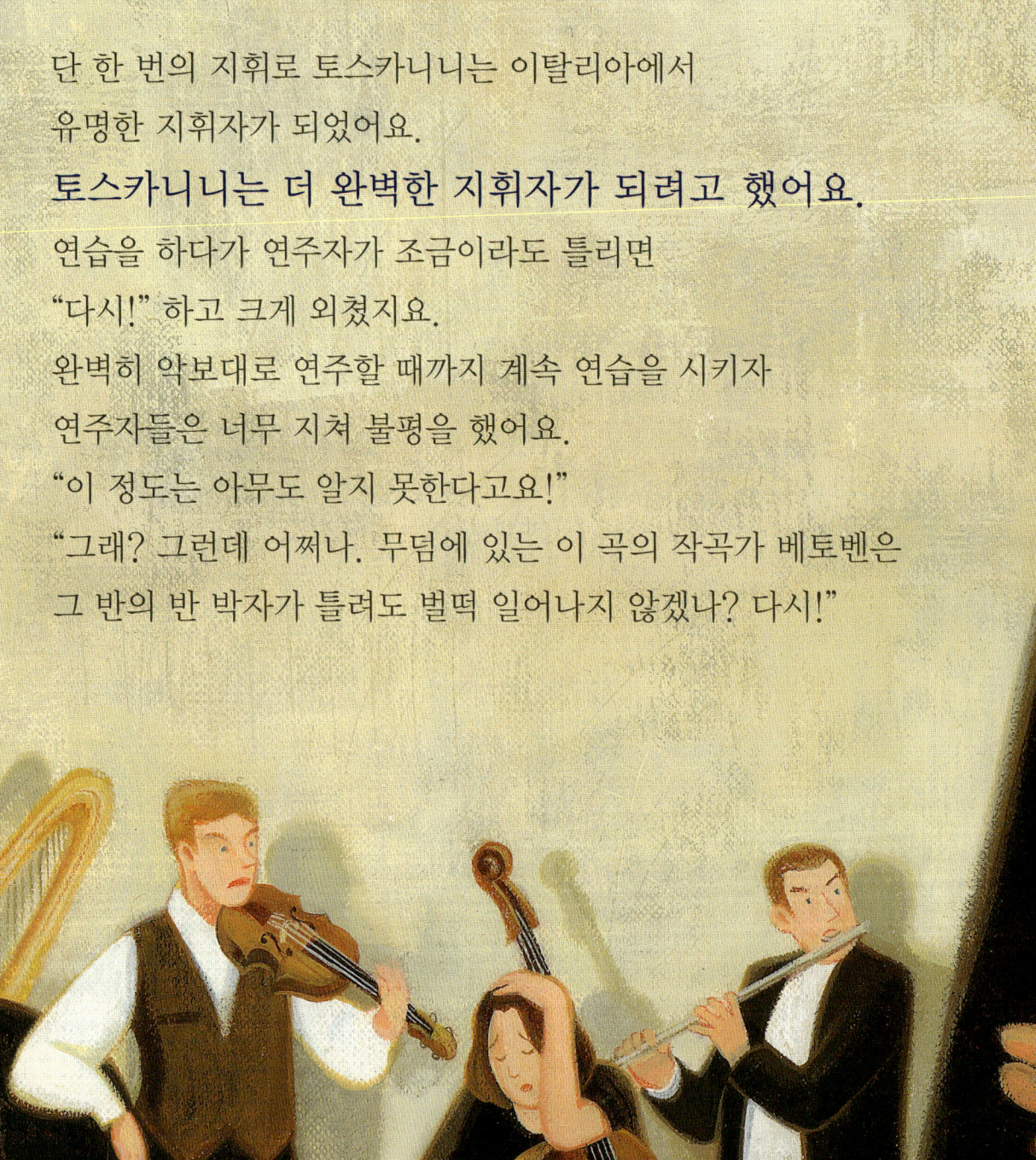

그 당시 유명한 오페라 가수였던 제랄딘도
토스카니니가 시키는 대로 불러야 했어요.
토스카니니는 연습 중에 제랄딘에게 소리쳤어요.
"제멋대로 부르지 말고 악보 그대로 부르란 말이오."
제랄딘은 화가 났어요.
"이봐요, 이 곡을 가장 잘 부르는 건 나예요!"
"흥, 맘대로 부르려면 당장 나가시오.
여기 말고 딴 곳을 알아보란 말이오!"
제랄딘은 토스카니니의 말에 얼굴이 빨개졌어요.

토스카니니가 살았던 때에 이탈리아에는 자유가 없었어요.
무솔리니라는 무서운 독재자 때문이었지요.
무솔리니는 전쟁을 일으키고 자기와 생각이 다른 사람들을
죽이기까지 했어요.
토스카니니는 국민을 괴롭히는 무솔리니를 아주 싫어했어요.

*독재자는 힘을 써서 자기 마음대로 나라를 다스리는 사람이에요.

공연이 있는 날이었어요.
막이 오르고 토스카니니가 지휘를 하려는 순간이었어요.
무솔리니를 따르던 사람들이 '조비네차'를 연주하라고 소리쳤어요.
토스카니니는 예의 없는 행동을 참을 수 없었어요.
더군다나 무솔리니를 칭찬하는 '조비네차'는
절대 연주하고 싶지 않았지요.
토스카니니는 지휘봉을 부러뜨려 버렸어요.
그 뒤에도 **토스카니니가 '조비네차'를
지휘하는 일은 없었어요.**

*'조비네차'는 독재자 무솔리니가 나라를 다스리고 있을 때의 국가예요.
 무솔리니를 찬양하기 위해 만들어졌어요.

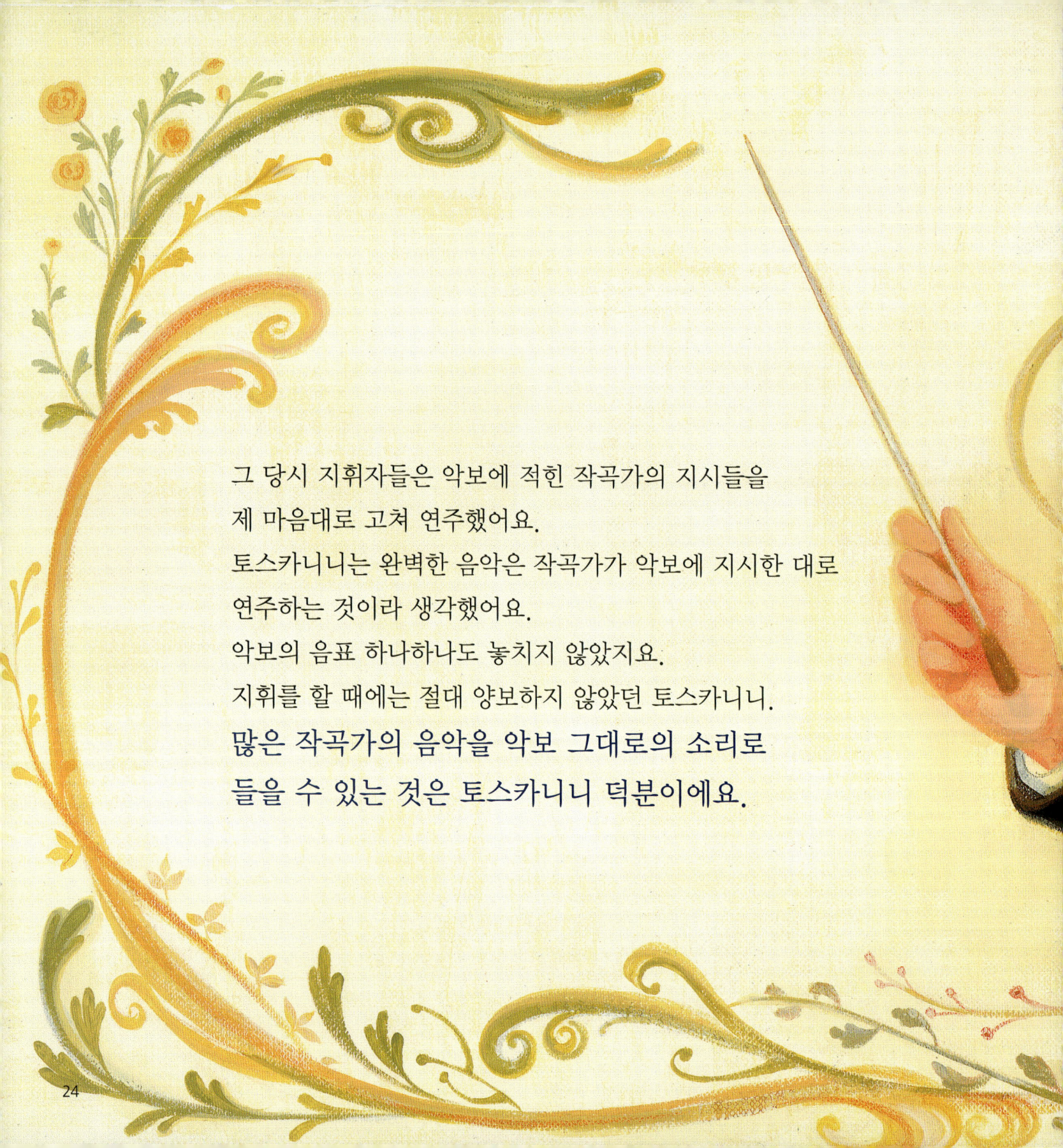

그 당시 지휘자들은 악보에 적힌 작곡가의 지시들을
제 마음대로 고쳐 연주했어요.
토스카니니는 완벽한 음악은 작곡가가 악보에 지시한 대로
연주하는 것이라 생각했어요.
악보의 음표 하나하나도 놓치지 않았지요.
지휘를 할 때에는 절대 양보하지 않았던 토스카니니.
많은 작곡가의 음악을 악보 그대로의 소리로
들을 수 있는 것은 토스카니니 덕분이에요.